I0219767

www.ingramcontent.com/pod-product-compliance
Lightning Source LLC
Chambersburg PA
CBHW031504040426
42444CB00007B/1210
* 9 7 8 1 9 9 0 1 5 7 0 0 4 *

|انتشارات انار|

یک فضای تهی
محسن عظیمی
از نمایشنامه‌های ایران - ۶

به خنیاگری نغز آورد روی   که: چیزی که دل خوش کند، آن بگوی

یک فضای تهی (چهار نمایشنامه کوتاه در یک فضای تهی)

از نمایشنامه‌های ایران - ۶

نویسنده: محسن عظیمی

دبیر بخش «از نمایشنامه‌های ایران»: مهسا دهقانی‌پور

ویراستار: مهسا دهقانی‌پور

مدیر هنری و طراح گرافیک: عبدالرضا طبیبیان

چاپ اول: تابستان ۱۳۹۹، مونترال، کانادا

شابک: ۹۷۸-۱-۹۹۰۱۵۷-۰۰-۴

مشخصات ظاهری کتاب: ۵۲ برگ

قیمت: ۶ £ - ۷ € - ۱۰,۵ CAN $ - ۸ US $

|انتشارات انار|

نشانی: 746A, Plymouth Av., Montreal, QC, Canada

کدپستی: H4P 1B1

ایمیل: pomegranatepublication@gmail.com

اینستاگرام: pomegranatepublication

همه‌ی حقوق چاپ و نشر برای ناشر محفوظ است.

هرگونه اجرایی از این نمایشنامه منوط به اجازه رسمی از ناشر است.

پیشکش به رضا کاظمی
نقاشِ واژه‌ها، شاعرِ نگاره‌ها

«فراموشت نمی‌کنم» را
به نستعلیق نوشته‌ام برایت
خطی که دارد فراموش می‌شود
دیگر

فهرست

نطفه   ۹
ویار   ۱۹
Couvade   ۲۹
حلقه   ۴۱

نطفه

آدم‌های نمایش:
یک مرد
یک زن
صدا

صفر

(زن به حالت جنینی مرده در خود فرو رفته و درد می‌کشد. مرد زل زده به نقطه‌ای دور.)

مرد: انداختیش؟

سکوت

مرد: انداختیش؟

سکوت

مرد: انداختیش؟
زن: نه!

سکوت

زن: (در حال درد کشیدن) دروغ گفتم (مکث) نطفه‌ای نبود!

یک

(ابتدای گرگ‌ومیش صبح، صدای نفس‌هایی سرد و زوزه گرگی در باد، مرد وحشت‌زده به دنبال زن.)

دو

(ردپای خونین گرگی که دور شده، مرد لخت مادرزاد زن را که یخ‌زده لابه‌لای لباس‌هایش پوشانده و سخت در آغوش گرفته.)

صدا: هرچی سعی می‌کنی آفتابو از پشت موهاش ببینی فایده نداره، انگار خورشید خاکستر شده ریخته تو موهاش، بهش بگو اگه خواست یخ بزنه بهت بگه! بهش بگو کم بگه سردمه دیگه! دوباره یاد خودت می‌افتی تو شکم ننه‌ت، که همیشه ازهم وا می‌شه و تو هم هی وول می‌خوری و یه دستی پس

گردنت رو می‌گیره و می‌کشه و آویزونت می‌کنه و هی می‌زنه به پشتت! اون‌قدر می‌زنه که گریه‌ت می‌گیره! می‌بینی تو یه جایی هستی عینهو شکم ننه‌ت که انگار باد کرده! اون‌قدر باد کرده و وامونده از هم که سر و ته‌ش پیدا نیست! خیلی هم سرده! سرده سرد! سردتر از همه‌جا، اون‌قدر که همیشه در حال یخ زدنی، نمی‌خوای! نمی‌خوای! می‌خوای برگردی همون‌جا! دیگه نمی‌خوای اینجا بمونی! می‌خوای برگردی تو شکم ننه‌ت! ولی نمی‌شه چون یا همیشه پره یا بابات می‌زنه پس گردنت که: بخواب دیگه حروم‌لقمه!

سه

(زن به حالت جنینی مرده در خود فرو رفته و درد می‌کشد. مرد زل زده به نقطه‌ای دور.)

مرد: انداختیش؟

سکوت

مرد: انداختیش؟

سکوت

مرد: انداختیش؟
زن: نه!

سکوت

زن: (در حال درد کشیدن) دروغ گفتم. (مکث) نطفه‌ی تو نبود!

چهار

(ابتدای گرگ‌ومیش صبح، صدای نفس‌هایی سرد و زوزه گرگی در باد، زن نفس‌نفس‌زنان گوشه‌ای می‌افتد و مرد به او رسیده و کشان‌کشان او را روی برف‌ها می‌کشاند.)

پنج

(ردپای خونین گرگی که دور شده، مرد لخت مادرزاد زن را که یخ‌زده لابه‌لای لباس‌هایش پوشانده و سخت درآغوش گرفته.)

صدا: خیلی اشتباهه لاشه رویا کوچولوتونو می‌ندازین جلو گرگ، نه؟ (مکث) آخه گرگه بدجوری گشنه‌س! شاید با خوردن یه لاشه سقط شده توله‌های واقعی بزاد! حرومه؟ آره، حرومه! گوشت تن‌تونم حرومه! ننه‌ت هر وقت تو رو می‌زاد می‌گه: حلالم کنین! بابات تا سیبیلاشو می‌کشی می‌گه: نکن دیگه حرومزاده! تموم جونت داره یخ می‌زنه، انگشتات یاد بچه‌گی‌هات می‌افته که هر وقت می‌کنی توی دهنت تا گرمشون کنی یخ می‌زنن! عینهو دهن بابات که هر وقت می‌میره می‌گه: دیگه باید برم! کجا؟ می‌گه: باید برم به

همون جایی که ازش اومدم! کجا؟ دهنش یخ می‌زنه، تنش می‌لرزه، ترس ورت می‌داره، ولی اون دیگه نمی‌ترسه! انگار زندگی ترسش بیشتره، دهنش هی وا می‌ره و وا می‌مونه، وا می‌ره و وا می‌مونه. وا می‌ره و وا.

شش

(زن به حالت جنینی مرده در خود فرو رفته و درد می‌کشد. مرد زل زده به نقطه‌ای دور.)

مرد: انداختیش؟

سکوت

مرد: انداختیش؟

سکوت

مرد: انداختیش؟
زن: نه!

سکوت

زن: (در حال درد کشیدن) دروغ گفتم (مکث) نطفه‌ی اون نبود!

هفت

(گرگ‌ومیش صبح، صدای نفس‌هایی سرد و زوزه گرگی در باد. در همان حالی که مرد زن را کشان‌کشان روی برف‌ها می‌کشاند، دست زن از دستش رها می‌شود و می‌خواهد فرار کند که روی برف‌ها لیز می‌خورد و روی تیزی تکه سنگی پهن زمین می‌شود، خون سرازیر می‌شود از تنش، صدای جیغی بلند.)

نه

(ردپای خونین گرگی که دور شده، مرد لخت مادرزاد زن را که یخ‌زده لابه‌لای لباس‌هایش پوشانده و سخت در آغوش گرفته.)

صدا: گرمش شده نه؟ عین بچه‌گی‌هات که خواب شاه می‌بینی و می‌شاشی، حالام همون جوری شد ولی تو بیداری! بیدار که می‌شی می‌بینی ای بابا شاه که نیستی هیچی، همون بچه‌گدایی که شلوارتم خیس شده، ولی حالا خواب نیستی؛ دیگه خواب هیچ شاهی هم نمی‌بینی، هنوزم خیسی و هی خیس‌تر می‌شی، اونم هی خیس می‌شه از خیسی تو و همون خیسی یخ می‌شه و تموم تن‌تو، تموم تن‌شو، تموم تن زمینو پر می‌کنه؛ برفا خونی و خیس و یخ، تو خیس و یخ و...

ده

(پس از گرگ‌ومیش صبح، صدای نفس‌هایی سرد و زوزه گرگی در باد. ردپای خونین گرگی که دور شده، زن یخ‌زده و مرد لباس‌هایش را یکی‌یکی در می‌آورد، روی تن بی‌جان زن می‌اندازد تا جایی که لخت مادرزاد می‌شود.)

صدا: تا چشم‌تو ور می‌داری آفتابو می‌بینی که عین همیشه، بی‌تب و تاب می‌تابه رو برفا و یخ می‌زنه و عینهو یه قندیل نوک تیز فرو می‌ره تو چشمت، می‌بندی‌شو تن می‌دی به همون کابوس شومِ همیشگی که پر از سایه‌های سرده. اونه که داره خودشو، تو و رویا کوچولوتونو می‌کُشه، می‌کُشه، می‌کُشه و تیکه‌تیکه سایه‌هاتون جا می‌مونن تو برفایی که یخ زدن و پر از خون و خون و خون، تموم تن تو، تن شو، تن رویا کوچولوتونو پر می‌کنن! هیچ‌وقت بهش نگفتی! نتونستی، نخواستی، نذاشت! پس کی بهش می‌گی که دیگه هیچ‌وقت نمی‌شه برگشت، که موندن یعنی همین! یعنی تن دادن تو و اون و یه نطفه به سرما. پس کی بهش می‌گی؟ کی بهش می‌گی سردمه؟ کی می‌گی؟ سردمه، سردمه، سردمه! کی بهش می‌گی اینجا سرده! بیا از اینجا بریم! دیگه... دا... ر... م... ی... خ...

ویار

آدم‌های نمایش:
یک زن

(زن درحالی که دست و پا و دهانش را با چسبی پهن به رنگ خاک پیچیده‌اند، روی زمین افتاده. ملحفه‌ای سفید رویش، حلقه‌ای چسب هم در کنارش.
چشمانش را باز می‌کند. تقلا می‌کند تا خودش را رها کند. بعد از چندی کلنجار با چسب‌ها، آن‌ها را از دست و پایش جدا می‌کند. آشفته و حیران، دور و برش را نگاه می‌کند، گویی به دنبال کسی می‌گردد. هراسان به سمت چهارگوشه‌ی فضای خالی رفته و چهارسوی فضا را نگاه می‌کند اما جز تاریکی چیزی نمی‌بیند. سرگردان به سوی تماشاگران رفته و یکی‌یکی نگاه‌شان می‌کند.)

زن: کور خوندین؛ اگه تیکه تیکه‌مم کنین پیداش می‌کنم.

(دوباره چهارسوی فضای خالی را برانداز می‌کند. سرش یکباره درد می‌گیرد. از درد به خود می‌پیچد. چشمش به حلقه‌ی چسب افتاده، می‌رود و برش می‌دارد. تکه‌ای چسب دور سرش می‌پیچد. با حلقه چسب توی دستش عصبی بازی می‌کند درحالی که متفکرانه خیره مانده به نقطه‌ای دور.)

زن: اون گم شده؛ جامونده. جامونده.

(یکباره انگار چیزی به ذهنش خطور کرده باشد با چسب، خط دیواری را دور تا دور فضای خالی می‌کشد و بعد دور ملحفه سفید، نقش تخت‌خوابی می‌کشد که گویی ملحفه روی آن افتاده. نگاهی به تخت‌خواب می‌کند. ملحفه را برداشته زیرش را نگاه می‌کند. با وسواسی غیرمعقول ملحفه را توی دستش صاف می‌کند، تا می‌زند و پایین تخت می‌گذارد. با ترس و وحشتی ناخودآگاه نوکِ انگشت پایش را روی لبه تخت می‌گذارد و خیلی آرام، با ترس و وحشت خودش را روی تخت می‌کشاند. می‌نشیند خیره به ملحفه، بعد چنباتمه می‌زند. آرام آرام دراز می‌کشد به پهلو و پاهاش را جنین‌وار توی شکمش جمع می‌کند. اما تا چشمش را می‌بندد جیغی بلند کشیده، بلند می‌شود. ملحفه را برداشته دور خودش می‌پیچد.)

زن: همیشه همین‌جوری دراز می‌کشید. ولی وقتی همه‌جا ساکت می‌شد، وحشتش بیشتر می‌شد. نمی‌تونست بخوابه. صدا هم که می‌اومد، سر و صداش نمی‌ذاشت بخوابه.

(صدای تیک‌تاک ساعت به گوش می‌رسد که منظم و تکراری

توی گوش‌هاش می‌پیچد. سرش را با هر تیک، آونگ‌وار تکان می‌دهد. صدای تیک‌تاک آرام‌آرام سرعتش بیشتر می‌شود و زن هم تقلایش بیشتر می‌شود. صدای تیک‌تاک باز هم سرعتش بیشتر شده و صدایش هم بلندتر می‌شود و هر تیکش قبل از هر تاکی تبدیل به صدای عبور سریع ماشینی می‌شود و بعد تاکش تبدیل به ترمزهای ممتد ماشین و بعد صدای جیغ‌های ممتد زن که گویی با ماشینی تصادف می‌کند. با این صداها زیر ملحفه به خود می‌پیچد و می‌پیچاند ملحفه را دور خودش تا جایی که صداها تیک‌تاک‌وار آن‌قدر سرعت می‌گیرند که یکباره ملحفه را با جیغ بلندی از سر درد گوشه‌ای پرتاب می‌کند. صداها گویی ساعتی، چرخ‌دنده‌هاش از هم می‌پاشد خفه می‌شوند. زن هراسیده از تخت فاصله می‌گیرد.)

زن: پیداش می‌کنم چون خوب می‌شناسمش؛ اون همیشه حامله‌ست. همیشه هم همین تخت حامله‌ش می‌کرد؛ هنوز نزاییده بود قبلی رو، بعدی رو حامله می‌شد. ولی دیگه نیستش؛ نیست شده انگار.

(شروع می‌کند تکه‌تکه از چسب‌های روی زمین که نقش تخت را ساخته‌اند می‌کَند و می‌خورد. چسب‌ها را به دهن گرفته می‌جود و بعد تُف می‌کُند روی ملحفه. حرکتش تندتر می‌شود تا جایی که تمام چسب‌ها را می‌کَند. حالت تهوع به سراغش می‌آید، یکباره گویی که می‌خواهد بالا بیاورد بیرون می‌رود. صدای بازشدن آب و زن که بالا می‌آورد. برمی‌گردد ناخودآگاه حلقه چسب را برداشته و دوباره تکه‌ای می‌کَند و به دهان می‌گیرد. صدای آب که همچنان بازاست به گوش می‌رسد.)

زن: همیشه ویار داشت. ویار چسب. همه زنا براش شبیه زنی بودن که توو بچه‌گی‌هاش رد می‌شد از پشت پنجره و اون عاشق رد شدنش بود، همه‌ی مردا شبیه مردی که اون زن رو یه شب با خودش برده بود.

(با عجله روی زمین نقش یک میز ناهارخوری را می‌کشد و گویی که درحال چیدن میز است. نقش بشقاب‌ها و... را می‌کشد. کنار میز خیره می‌ماند به آدم‌هایی که دور میز هستند. خودش تکه‌ای چسب به دندان می‌کشد. صدای قاشق و چنگال توی ظرف و خوردن غذا توهم‌زا توی گوشش می‌پیچد. گوش‌هایش را می‌گیرد اما صداها بیشتر می‌شوند. با فشار و استرس بیشتر تکه چسب را به دندان می‌کشد. صداها اوج می‌گیرند. حالت خفگی به سراغش می‌آید. گویی نفسش بند آمده. یکباره با وحشت به گوشه‌ای می رود. با شتاب نقش یک پنجره را با چسب می کشد. از بیرون پنجره صدای سروصدای بازی بچه‌ها به گوش می‌رسد و باد که می‌پیچد. می‌خواهد سرش را از پنجره بیرون ببرد تا نفس بکشد اما هرچه تقلا می‌کند، نمی‌تواند. تقلاش بیشتر می‌شود و صدای باد هم به موازاتش بیشتر و زن ناتوان‌تر فاصله می‌گیرد از پنجره و صداها هم دور می‌شوند.)

زن: اون خسته شده بود. از موندن تو یه چهاردیواری و تختخواب و حاملگی و میز غذا و پاک کردن آشغال‌هایی که هر روز دوره‌ش می‌کردن.

(نگاهی به دور و برش می‌کند. روی زمین با چندش به طرف ملحفه می‌رود. ملحفه را چون دستمالی روی زمین می‌کشد و با وسواس خیلی زیاد کف زمین را پاک می‌کند. بعد گویی که

به تکه‌ای چسب رسیده باشد روی زمین که کنده نمی‌شود، سعی می‌کند پاکش کند. هرچه تلاش می‌کند نمی‌تواند. زمین را چنگ می زند. به نفس‌نفس افتاده با لگد روی لکه می‌زند. روی زمین حرکتش تندتند می‌شود و تبدیل به رقصی وحشت‌زا می‌شود. زن نفس‌نفس زنان و دیوانه‌وار دور خودش می‌چرخد. درحالی‌که با پا روی زمین می‌کوبد. صدای موسیقی محزونی همراهی‌اش می‌کند. به صدای موسیقی گوش می‌دهد. به سمت پنجره می‌رود ولی انگار پنجره بسته است. از پشت شیشه‌ها بیرون پنجره را نگاه می‌کند. به دنبال صدا در گوشه‌ای از فضای خالی با چسب نقش یک در را می‌کشد.)

زن: حتماً رفته، زده بیرون؛ آخه همیشه دوست داشت بره، بره از این چهاردیواری بیرون. بره رد شه از پشت پنجره.

(از در بیرون می‌رود. صدای باد می‌آید. نفسی می‌کشد از اعماق وجودش و بعد نقش خیابانی را روی زمین می‌کشد. آرام‌آرام سروصدای ماشین‌ها که به سرعت می‌گذرند به گوش می‌رسد. زن کنار خیابانی که کشیده می‌ایستد. بعد خطوط وسط خیابان را می‌کشد. ناگاه صدای فریادهای زن که گویی جلوی دهانش را گرفته‌اند و به زور می‌برندش به گوشش می‌رسد که نامفهوم جیغ می‌کشد. صدای ضربات چاقو می‌پیچد، با استرس شدید چسب می‌خورد. حلقه چسب از دستش رها می‌شود. هیستریک و دیوانه‌وار چسب‌های روی زمین که طرح خیابان را کشیده‌اند با دهان می‌کند و می‌جود. با سرعت بیشتر صداها هم بیشتر می‌شوند تا جایی که همه چسب‌ها کنده می‌شوند. چسب‌ها را دیوانه‌وار می‌جود. به گریه می‌افتد در خود فرو می‌رود.)

زن: بوی نا گرفته بود. دیگه نایی نداشت. دل بسته بود به یه امید کاذب و نخ‌نما که یه روز رد می‌شه از پشت پنجره مث اون زن... فکر می‌کرد امید حتی اگه کاذب باشه از بی‌امیدی بهتره، چون وقتی زلزله ناامیدی بیاد کمتر خرابش می‌کنه.

(صدای کلاغ‌ها همه‌جا را گرفته. زن شروع می‌کند به کشیدن نقش چندین قبر کوچک کنار هم با چسب.)

زن: خسته شدم، چرا پیداش نمی‌کنم. دیگه خسته شدم از شناسایی جسدهای له‌شده؛ اون نشونه‌ای نداره، تنها نشونه‌ش منم که الان باهاش نیستم.

(احساس درد شدیدی در کمرش می‌کند. کمی با کمرش ور می‌رود. حالت تهوع سراغش می‌آید ولی همچنان درحال جویدن تکه‌های چسب است که با دهان می‌بُرد. احساس ضعف می‌کند. سرش گیج رفته روی زمین می‌افتد. کشان‌کشان خودش را بیرون می‌کشد. صدای آب و بالا آوردن زن. برمی‌گردد با دست سرش را می‌مالد. شکمش کمی بالاآمده. به شکمش دست می‌کشد. احساس سر درد شدید دارد. برآمدگی شکمش بیشتر شده. همچنان چسب می‌جود. بدنش به خارش افتاده. روی زمین را نگاه می‌کند. احساس می‌کند حشره‌ای چیزی به بدنش زده، ملحفه را می‌تکاند. سردردش بیشتر می‌شود. ملحفه را دور سرش می‌پیچد. سعی می‌کند بخوابد ولی نمی‌تواند. بلند شده با درد شدید بیرون می‌رود.)

زن: نیستش؛ همه‌جا رو گشتم؛ تموم دنیا رو. چقد کوچیک شده دنیا، قد یه نقطه سیاه وسط نقطه‌چینای نیستی، نیستی. نیست.

(شکمش بیشتر بالا آمده. صورتش هم تغییراتی دارد. حلقه چسب در دستش درحال کشیدن دیوارهای اتاق است. دیوارها را می‌کشد درحالی که همچنان ضعف دارد و با چسبی توی دهانش ور می‌رود، یکباره می‌ماند. شبیه زنان حامله دستی به کمرش می‌گیرد و دستی به شکمش می‌کشد. دوباره مشغول کار می‌شود. با ناتوانی دیگر دیوارها را کامل می‌کند. صدای تپش‌های قلبش درگوشش می‌پیچد که مدام ادامه دارد و شدت می‌گیرد و تبدیل به صدای گلوله می‌شود که به شکل ضربان قلب شلیک می‌شود. از درد به خود می‌پیچد. اما باز ادامه می‌دهد. تا جایی که نقش زمین می‌شود.)

زن: (سعی می‌کند حرف بزند اما اصواتی نامفهوم از دهانش خارج می‌شوند.) م... ن... ها... رو... د... با... ز... م... لا... س...

(برآمدگی شکمش بیشتر شده. شبیه زنان حامله راه می‌رود. گلاه‌گیسی در دست دارد، با دقت کلاه‌گیس را سرش می‌گذارد. لبخند می‌زند، تلخ. صدای خنده کوتاه خودش می‌پیچد. بعد شروع می‌کند به گشتن روی زمین. رُژِ سرخی برداشته به لب‌هاش می‌مالد. سعی می‌کند بیشتر لبخند بزند اما نمی‌تواند. سعی می‌کند بخندد ولی بی‌فایده است. صدای خنده‌های خودش با هر بار تلاش او بیشتر و بیشتر می‌شود. دوباره دور و برش را می‌گردد. کرم سفید کننده را هم کامل به صورتش می‌مالد و بعد باز تلاش می‌کند بخندد اما نمی‌تواند، باز صدای خنده‌های خودش را می‌شنود که بلندبلند درگوشش می‌پیچد. با چسب، نقش یک آینه را روی دیوار می‌کِشد. خودش را توی آینه متعجب برانداز می‌کند.)

زن: (گویی لال شده و نمی‌تواند دهانش را باز کند.) م... م...

ن... م... م...

(یکباره احساس اینکه نوزادی توی شکمش لگد می‌زند به سراغش می‌آید. دستش را روی شکمش می‌گذارد و نوازش می‌کند بعد چسب را دور کمرش می‌پیچد. دوباره احساس دردی شدید به سراغش آمده و به خود می‌پیچد. دردش بیشتر می‌شود. گویی درحال زایمان است از درد به خود می‌پیچد و این سو آن سو می‌رود و تمام چسب‌ها را می‌کند و دیوانه‌وار، کشان‌کشان خودش را زیر ملحفه می‌کشاند. درست زیر آینه رو به آینه شبیه زنی در حال زایمان دراز می‌کشد. با درد زیر ملحفه می‌رود و پاهایش را باز می‌کند و زور می‌زند. با جیغ و گریه و ناله. صداش به اوج می‌رسد و بعد خاموش می‌شود. یکباره درحالی که درازکشیده، سرش را بالا می‌آورد. بلند می‌شود توی قاب آینه می‌ایستد. بغض کرده و می‌خواهد گریه کند اما بغضش را می‌خورد. بغضش توی گلویش گیر می‌کند و تبدیل به فریاد می‌شود.)

(صدای فروریختن یکباره آینه و فریاد زن.)

زن: من یه زنم... یه زن که خودم، خودمو به دنیا آوردم... به دنیایی تلخ که تلخیش با لبخند من می‌تونه شیرین بشه؛ یه دنیای تازه که هیچ مرزی نداره و به اندازه مرزهای تن من بزرگه... تن من که یه زنم و خودم، خودمو به دنیا آوردم.

Couvade

(Couvade از واژه‌ی فرانسوی Couver به معنای «هستی دادن» یا «زیر پر و بال گرفتن» گرفته شده است.)

آدم‌های نمایش:
یک مرد

صفر

(تاریکی مطلق. صدای چک‌چک آب. توی تاریکی شبیه فیلم‌های صامت جمله زیر نوشته می‌شود و همزمان صدای مرد می‌آید.)

مرد: بعد از ده سال زندگی مشترک آخرش قبول کرد یه بچه داشته باشیم ولی...

(صدای چک‌چک آب آرام آرام تند و تندتر می‌شود تا جایی که به صدای ریزش آب توی کاسه دستشویی تبدیل می‌شود، بعد یکباره قطع می‌شود. سکوت)

یک

(تاریکی و سکوت مطلق. توی تاریکی شبیه فیلم‌های صامت جمله زیر نوشته می‌شود و همزمان صدای مرد می‌آید.)

مرد: ولی تا جواب آزمایشش رو گرفت ناپدید شد. جواب آزمایش مثبت بود.

(صدای دوش حمام. انعکاس نور مهتاب روی صحنه‌ای خالی که طرح تخت‌خوابی دونفره که با چسب روی کف صحنه نقش بسته، دیده می‌شود. ملحفه‌ی سفیدی مچاله شده و دستمال‌های کاغذی مچاله شده که دورو بر ملحفه پراکنده افتاده‌اند. صدا قطع می‌شود.
پس از چند لحظه مرد که حوله تن‌پوشی به تن دارد و با تکه‌ای دستمال کاغذی صورتش را پاک می‌کند وارد می‌شود. دور و برش را نگاه می‌کند و دوباره بیرون می‌رود.
صدای بازشدن درو هجوم ناگهانی باد و سپس بسته شدن در... مرد متعجب و نگران درحالی که دورو برش را می‌گردد وارد صحنه می‌شود. به دنبال موبایلش بین دستمال کاغدهای مچاله‌شده را می‌گردد. به ملحفه می‌رسد، ملحفه را برمی‌دارد. موبایلش زیر ملحفه است، برش‌داشته و شماره‌ای می‌گیرد.
صدای بوق‌های ممتد تلفن. دوباره می‌گیرد باز هم صدای بوق‌های ممتد تلفن. توی موبایلش چیزی می‌نویسد، به محض اینکه شروع به نوشتن می‌کند نور می‌رود.
توی تاریکی شبیه فیلم‌های صامت جمله زیر نوشته می‌شود و همزمان صدای مرد می‌آید.)

مرد: کجا رفتی؟

(پس از چند ثانیه نور می‌آید. مرد خیره به موبایلش کمی منتظر می‌ماند بعد شروع به جمع کردن دستمال‌کاغذی‌های مچاله می‌کند، درحالی که حواسش به موبایلش است. دستمال‌ها توی دستش دوباره شماره را می‌گیرد. با صدای بوق‌های ممتد تلفن آرام آرام صحنه تاریک می‌شود. تاریکی و سکوت مطلق. توی تاریکی شبیه فیلم‌های صامت جمله زیر نوشته می‌شود و همزمان صدایی می‌آید.)

مرد: مشترک مورد نظر در دسترس نمی‌باشد.

دو

(صدای تیک‌تیک ساعت. صحنه همان صحنه خالی است. فقط ملحفه روی طرح تختخواب دونفره روی زمین پهن شده. مرد روی ملحفه نشسته خیره به صفحه موبایلش... یکباره موبایلش را گوشه‌ای انداخته، خیره می‌شود به روبه‌رو، گویی آینه‌ای بزرگ روبه‌رویش باشد به خودش نگاه می‌کند. کمی چشمانش را که از بی‌خوابی قرمز شده می‌مالد، دستی به صورتش می‌کشد. بعد به طرف ملحفه؛ برش داشته، روی خودش می‌کشد. سعی می‌کند بخوابد. چندبار این ور آن ور می‌کند. تقلایش بیشتر می‌شود. صدای تیک‌تیک ساعت سرعتش بیشتر شده و صدایش هم بلندتر می‌شود و هر تیکش تبدیل به صدای عبور سریع ماشینی می‌شود. بعد تبدیل به ترمزهای ممتد ماشین تبدیل به جیغ‌های ممتد یک زن.
مرد با این صداها زیر ملحفه به خود می‌پیچد و می‌پیچد تا جایی که صداها تیک‌تاک‌وار آن‌قدر سرعت می‌گیرند که یکباره مرد با فریادی از سر درد ملحفه را گوشه‌ای پرتاب می‌کند. صداها

گویی که ساعت چرخ‌دنده‌هاش ازهم می‌پاشد قطع می‌شوند. مرد خیره مانده به روبه‌رو، وحشت‌زده به خودش نگاه می‌کند توی آینه‌ای خیالی. تاریکی و سکوت مطلق. توی تاریکی شبیه فیلم‌های صامت جمله زیرنوشته می‌شود و همزمان صدایی می‌آید.)

مرد: اون ناپدید شده بود. همه‌جا رو دنبالش گشتم، ولی نبود.

سه

(مرد حالت تهوع دارد. چشمانش از بی‌خوابی پف کرده، ملحفه را دور خودش پیچیده خیره به موبایلش مانده. بسته‌های قرص روی طرح تختخواب افتاده‌اند.
یکباره گویی که می‌خواهد بالا بیاورد بیرون می‌رود. صدای باز شدن آب و مرد که بالا می‌آورد. صدای زنگ موبایل. مرد بدون آنکه شیر آب را ببند دوان‌دوان با صورت خیس به سوی موبایل می‌رود. صدای آب همه‌جا را فرامی‌گیرد و هر لحظه بیشتر و بیشتر می‌شود. مرد گوشی در دستش فقط گوش می‌دهد.
تاریکی و سکوت مطلق. توی تاریکی شبیه فیلم‌های صامت جمله زیرنوشته می‌شود و همزمان صدایی می‌آید.)

مرد: دیگه خسته شدم از هر روز رفتن به سردخونه برای شناسایی جسدهای له شده، اون هیچ نشونه‌ای نداره. تنها نشونه‌ش منم که الان کنارش نیستم.

چهار

(مرد روی چسب‌های تختخواب دست می‌کشد. حلقه‌ای چسب هم در دستش، درحال جویدن تکه‌ای چسب. دوباره حالت تهوع می‌گیرد، بیرون رفته و کمی بالا آورده و برمی‌گردد با لیوانی آب در دستش، تعدادی از قرص‌ها را توی دهانش می‌اندازد درحالی که خیره به تختخواب مانده، ناخودآگاه تکه‌ای از حلقه چسب می‌کند و به دهان می‌گذارد، انگار به دهانش مزه داده باشد، شروع به جویدن می‌کند و دوباره خیره به خودش توی آینه خیالی زل می‌زند. تکه چسب را که له شده از دهانش در می‌آورد و نگاه می‌کند، مزه‌مزه‌اش می‌کند و دوباره تکه‌ای دیگر در دهان می‌گذارد و با سرعت بیشتر می‌جود و تکه‌ای دیگر و باز تکه‌ای دیگر. یکباره از دورها صدای فریادهای زنش که گویی جلوی دهانش را گرفته‌اند و به زور می‌برندش به گوشش می‌رسد که نامفهوم جیغ می‌کشد. مرد با سرعت بیشتر می‌جود. صداها تبدیل به صدای ضربات چاقو می‌شوند. مرد همچنان با استرس با سرعت بیشتر می‌جود، حلقه چسب از دستش رها می‌شود، هیستریک و دیوانه‌وار چسب‌های روی زمین که طرح تختخواب را کشیده‌اند با دندان‌هایش می‌کند و می‌جود. با سرعت بیشتر و صداها هم بیشتر می‌شوند تا جایی که همه چسب‌ها کنده می‌شوند. به گریه می‌افتد و در خود فرو می‌رود. تاریکی و سکوت مطلق. توی تاریکی شبیه فیلم‌های صامت جمله زیر نوشته می‌شود و همزمان صدایی می‌آید.)

مرد: یه چیزی بهم می‌گه اون همین‌جاس تو همین خونه، جایی نرفته.

پنج

(مرد پرتره بزرگی در دست دارد بدون قاب. دور و بر پرتره را چسب می‌زند و بعد آن را آویز می‌کند، عکسی از یک زن که بی‌شباهت به خودش نیست. عکس را نگاه می‌کند و بعد با چسب شروع می‌کند به ساختن قابی از چسب برای پرتره و کشیدن دیوارهای دور قاب.
در حین کشیدن دیوار دوباره حالت تهوع به سراغش می‌آید، همچنان درحال جویدن تکه‌های چسب است که با دهان می‌بُرد. احساس ضعف می‌کند. سرش گیج رفته روی زمین می‌افتد، کشان‌کشان خودش را بیرون صحنه می‌کشاند. تاریکی و سکوت مطلق. توی تاریکی شبیه فیلم‌های صامت جمله زیر نوشته می‌شود و همزمان صدایی می‌آید.)

مرد: می‌گن اینا نشونه‌های حاملگی یه یعنی چی یعنی من حامله‌م؟! چهار ماهه ازش بی‌خبرم، یعنی الان چهار ماه‌ه س؟

شش

(کمی شکمش بالا آمده؛ جلوی آینه خیره به خودش متعجب به شکمش دست می‌کشد و ناباورانه به خودش نگاه می‌کند و همچنان تکه‌ای چسب می‌جود.
به سمت تختخواب می‌رود و کتابی که روی تخت افتاده را ورق می‌زند، انگار دنبال صفحه خاصی می‌گردد. خسته می‌شود، کتاب را گوشه‌ای انداخته و خیره به پرتره زن می‌ماند. به طرف پرتره می‌رود و دستی روی پرتره می‌کشد؛ احساس درد شدیدی درکمرش می‌کند، کمی باکمرش ورمی‌رود، به طرف

موبایلش رفته درحال گرفتن شماره بیرون می‌رود.
تاریکی و سکوت مطلق. توی تاریکی شبیه فیلم‌های صامت جمله زیر نوشته می‌شود و همزمان صدایی می‌آید.)

مرد: دکتر می‌گه اینا نشونه‌های بارداری‌یه ولی یه بارداری کاذب. می‌گه خیلی از مردها وقتی همسرشون بارداره احساس می‌کنن خودشونم باردارن.

هفت

(مرد شکمش بیشتر بالا آمده صورتش هم تغییراتی دارد، کمی زنانه شده. چند برگه آزمایش در دستش و مقداری قرص و دارو هم کنارش. با دست سرش را می‌مالد، احساس سَر درد شدید دارد. همچنان چسب می‌جود و بدنش به خارش افتاده. روی زمین را نگاه می‌کند، احساس می‌کند حشره‌ای، چیزی به بدنش زده، ملحفه را می‌تکاند، سردردش بیشتر می‌شود. ملحفه را دور سرش می‌پیچد و سعی می‌کند بخوابد ولی نمی‌تواند. بلند شده و با درد شدید حلقه چسب را برمی‌دارد و سعی می‌کند دیوارهای اتاق را کامل کند، درحالی که همچنان ضعف دارد و با چسبی توی دهانش ور می‌رود. یکباره می‌ماند. شبیه زنان حامله دستی به کمرش می‌گیرد و دستی به شکمش می‌کشد. صدای تپش‌های قلب یک نوزاد. مرد سعی می‌کند به کارش ادامه دهد اما صدای تپش‌ها شدت می‌گیرد و تبدیل به صدای گلوله می‌شود که به شکل ضربان قلب شلیک می‌شوند. مرد از درد به خود می‌پیچد، اما باز سعی می‌کند ادامه دهد اما نمی‌تواند، درحالی که دستش را روی گوش‌هاش گرفته از صحنه خارج می‌شود.)

(تاریکی و سکوت مطلق. توی تاریکی شبیه فیلم‌های صامت جمله زیر نوشته می‌شود و همزمان صدایی می‌آید.)

مرد: می‌گه حتی حالت تهوع و استفراغ می‌آد سراغشون. ویار دارن و شکمشونم به خاطر ضعف دیافراگم و نمی‌دونم چی‌چی ستون فقراتشون بالا می‌آد. دکتر می‌گه این فقط توی مردهایی به وجود می‌آد که زناشون بارداره. می‌گه نباید فکر کنی. باید خودتو مشغول کنی.

هشت

(مرد برآمدگی شکمش بیشتر شده. شبیه زنان حامله راه می‌رود. کلاه‌گیسی در دست دارد. خیره به آینه خیالی با دقت کلاه‌گیس را سرش می‌گذارد؛ حرکاتش هم زنانه شده‌اند. به خودش نگاه می‌کند. لبخند می‌زند تلخ، صدای خنده کوتاه زنش می‌پیچد.
شروع می‌کند به گشتن روی زمین و رژ سرخی برداشته خیره به آینه خیالی به لبهاش می‌مالد. سعی می‌کند بیشتر لبخند بزند اما نمی‌تواند. سعی می‌کند بخندد ولی بی‌فایده است؛ صدای خنده‌های زن با هربار تلاش او بیشتر و بیشتر می‌شود. دوباره اطرافش را می‌گردد و وسایل آرایش دیگری هم برداشته امتحان می‌کند و بعد باز تلاش می‌کند بخندد اما نمی‌تواند باز صدای خنده‌های زنش می‌پیچد.
احساس این‌که بچه توی شکمش لگد می‌زند به سراغش می‌آید؛ دستش را روی شکمش می‌گذارد و نوازش می‌کند بعد با چسب دور کمرش می‌پیچد.
جلوی آینه خیالی ملحفه را برداشته شبیه لباس زنی باردار روی تنش قرار می‌دهد در حالی که به خودش نگاه می‌کند دوباره

سعی می‌کند بخندد، دوباره صدای خنده‌های زنش می‌آید که بیشتر و بیشتر می‌شود و تلاش مرد برای خندیدن تبدیل به گریه‌ای با صدای بلند می‌شود. دیوانه‌وار گریه می‌کند.)

(تاریکی و سکوت مطلق. توی تاریکی شبیه فیلم‌های صامت جمله زیر نوشته می‌شود و همزمان صدایی می‌آید.)

مرد: دکتر می‌گه باید بیشتر پیش همسرت باشی. باید کنارش باشی.

نه

(مرد به طور کامل به یک زن تبدیل شده. شبیه پرتره‌ای که آویز کرده. با چسب روی زمین یک تختخواب بچه می‌کشد و در همین حین گاه‌گاهی دستی روی شکمش می‌زند و دوباره ادامه می‌دهد.
احساس درد به سراغش می‌آید. لبخند می‌زند و به خود می‌پیچد، دردش بیشتر می‌شود ولی به جای گریه و فریاد و ناله تلخ و گزنده می‌خندد. خنده‌های تلخش با بیشتر شدن فشار روی شکمش که گویی درحال زایمان است بیشتر می‌شود تا جایی که به قهقهه‌ای دلخراش تبدیل می‌شود. از درد به خود می‌پیچد و این‌سو و آن‌سو می‌رود و تمام چسب‌ها را دیوانه‌وار می‌کند. چسب‌ها را دور خودش می‌پیچد و کشان‌کشان به جلوی صحنه می‌رسد.
سکوت. به آینه خیالی خیره به خودش لحظه‌ای می‌ماند، سپس با جیغی زنانه و دلخراش با مشت‌هایش به آینه خیالی می‌کوبد. صدای خوردشدن و فروریختن یکباره آینه‌ای بزرگ، روی زمین می‌افتد.)

حلقه

آدم‌های نمایش:
یک مرد
یک زن
صدای مرد

(دو حلقه بزرگ شبیه دو نردبان دایره‌گون که در تمام جهات قابل حرکت هستند. تمام کنش و واکنش بین مرد و زن از طریق حرکت، نور و جلوه‌های ویژه رخ می‌دهد. تنها یک صدا وجود دارد که به عنوان راوی عمل می‌کند و در واقع صدای درونی مرد است.)

صدا: اگه نتونی فراموش کنی، همون درد به دنیا اومدنت پا نگرفته از پا می‌ندازتت. نمی‌تووني فراموش کنی. نمی‌تووني و پا نگرفته از پا می‌افتی. می‌افتی و دیگه هیچ‌وقت نمی‌تونی دیگه پا بگیری.

(مرد در حالی که چون جنینی در شکم مادر در خود فرو رفته آویزان از طنابی، آرام آرام از جایی ناپیدا پایین می‌آید و وسط حلقه می‌افتد.)

صدا: هیچ‌وقت نمی‌تونی بفهمی از کجا اومدی؟ به کجا می‌خوای بری؟ چون نه می‌تونی بری نه می‌تونی برگردی. فقط احساس می‌کنی یه چیزی داره تو رو می‌کشه به یه جایی. یه چیزی که نمی‌دونی چی‌یه. یه جایی که نمی‌دونی کجاست؟

(به جز حلقه اول همه‌جا در تاریکی گم است.)

صدا: فقط می‌دونی تاریکه. تاریک و سیاه. اونقدر تاریک و سیاه که هیچ‌چی توش پیدا نیست. هیچی حتی خود هیچی. حتی خود هیچی. حتی خود هیچی.

(مرد هراسان هر چه دور و برش را نگاه می‌کند جز تاریکی چیزی نمی‌بیند.)

صدا: می‌خوای داد بزنی ولی نمی‌تونی. می‌خوای بری تووی تاریکی ولی نمی‌تونی. فقط دست و پا می‌زنی. هر چی داد می‌زنی از ته دلت انگار یه چیزی تووی گلوت جلوشو می‌گیره و نمی‌ذاره بزنه بیرون و بی‌داد می‌شه. دادت می‌شه یه بی‌داد. یه بی‌داد، پر از سکوت و سکوت و سکوت که می‌پیچه تووی تاریکی و سرد و یخزده مث زوزه‌های باد برمی‌گرده تووی گلوت.

(رو به بالا فریاد می‌کشد ولی صدایش از گلویش بیرون نمی‌آید، فقط پژواک صدایش چون زوزه بادی سرد توی

فضای خالی و تاریک موج می‌زند.)

صدا: بادی که سرده. اونقدر سرده که گلوت یخ می‌زنه... سرماش می‌پیچه تووی ملاجت.

(مرد از سرما به خود می‌لرزد و سعی می‌کند با مالیدن دستها به هم و به بدنش خودش را گرم کند.)

صدا: هر چی زور می‌زنی فراموش کنی تا دوباره پا بگیری نمی‌تونی. نمی‌تونی و سرما تموم جونت رو می‌گیره.

(اما کم‌کم سرما بر او غلبه می‌کند و خیره به نقطه‌ای در تاریکی می‌ماند. چشم‌هایش درحال بسته شدن است که سعی می‌کند باز نگه‌شان دارد.)

صدا: داری یخ می‌زنی. کم کم داری گم می‌شی توی تاریکی و می‌ری که یه تیکه از تاریکی بشی یه تیکه از هیچی که هیچی نیست. هیچی. فقط پر از درده، درد به دنیا اومدنت، درد از کجا اومدنت، درد به کجا رفتنت که هیچ‌وقت نتونستی فراموشش کنی و از پا درت آورد و دیگه هیچ‌وقت نتونستی پا بگیری. دردی که مث یه خاطره‌ی خط‌خطی، بی‌خیال وول می‌خوره و خاطرِ خشکت رو می‌خشکونه.

(چندبار بی‌حرکت پلک می‌زند، با حرکت پلک‌هایش آرام آرام نوری گرمابخش اما کم‌سو شروع به تابیدن در حلقه دوم می‌کند.)

صدا: چشماتو که می‌بندی آروم آروم کورسوی نوری از توی

ذهنت می‌تابه توی تاریکی و چشماتو وا می‌کنه. مثه یه رویا.

(توی حلقه دوم زنی مجسمه‌وار و خیال‌انگیز با لبخندی گرم روی لب ایستاده و به او خیره مانده.)

صدا: رویایی که آروم آروم از ذهنت می‌زنه بیرون و تاریکی رو روشن می‌کنه. گرمت می‌کنه. یخاتو آب می‌کنه. گلوتو وا می‌کنه. مثه یه افیون تسکین‌دهنده می‌پیچه توی خاطرت تا بتونی فراموش کنی. بتونی نفس بکشی و درد به دنیا اومدنت، درد ازکجا اومدنت، درد به کجا رفتنت رو فراموش کنی؛ تا پا بگیری.

(مرد آرام آرام دوباره گویی جان گرفته باشد؛ چشم‌هاش بیشتر و بیشتر باز می‌شوند. برمی‌خیزد و با تمام وجودش خیره به زن نفس می‌کشد از اعماق وجودش.)

صدا: (بی‌آنکه چیزی بگوید با صدای بلند از اعماق وجود نفس می‌کشد.)

(گویی که نفس‌های مرد مثل وزش باد به طرف زن می‌وزد، لباس‌های زن خیال‌انگیز و رویایی موج می‌زنند.)

صدا: نفس می‌کشی. اونقدر نفس می‌کشی که همه جا سبز می‌شه. تاریکی گم می‌شه تووی نفس‌هات. رها می‌شی توی دست نفس‌هات که مث یه نسیم می‌وزه وسط سبزه‌زار رویات.

(حلقه‌ها شروع به چرخیدن می‌کنند آرام و رقص‌انگیز. و

هر دو در حلقه‌هاشان می‌چرخند و می‌چرخند حلقه‌ها هم آرام‌آرام دور هم می‌چرخند.)

صدا: حالا تموم زمین و آسمون یه رویاس. رویای تو. باد با نفس‌های تو می‌وزه. رویات با نفس‌های تو بال و پر می‌گیره. بال و پر می‌گیره و دورت می‌چرخه.

(حلقه‌ها روبه‌روی هم قرار می‌گیرند و مرد و زن خیره به هم می‌مانند.)

صدا: رویای تو فقط یه زن نیست. همه‌چیزه. همون همه‌چیزی که هیچی رو دور می‌کنه و تموم نگاهت رو پر می‌کنه. یه همدم که با دم و بازدمت دم به دمت می‌شه. همدمت می‌شه. همدمی که مثه نفس همراهته. مثه نفس جوون می‌دمه به تنت.

(مرد توی حلقه‌ی خودش با دست‌هایش گویی زن را نوازش می‌کند و زن توی حلقه خودش عکس‌العمل نشان می‌دهد. مرد زن را با دست‌هایش می‌نشاند و زن توی حلقه‌ی خودش می‌نشیند. مرد دست‌های زن را از دور می‌گیرد و زن عکس‌العمل نشان می‌دهد. با هر عملی زن عکس‌العمل دلخواه مرد را نشان می‌دهد.)

صدا: اون هیچی نمی‌خواد. چون خواسته‌ای نداره. خواسته‌ش خواسته‌ی توئه. بودنش بودن توئه. اون توئه. من نیست. خود خودِ فراموشی‌یه. که سبک‌بالت می‌کنه تا پرواز کنی.

(مرد دستانش را باز می‌کند و زن نیز همچنین. هر دو آرام و آرام بال می‌زنند و حلقه‌ها نیز آرام آرام بالا می‌روند.)

صدا: تا بالا بری. بالا و بالاتر. تووی یه فضای معلق که هواش اونه. زمینش اونه. سبزه‌هاش اونه. همیشه پر از سکوته. سکوتی که پر از اونه. دنیایی که پر از اونه. دنیایی که تو هم دیگه توش نیستی. همه‌چیزش اونه. دنیایی که گالیله‌هاشو اعدام نمی‌کنن. دنیایی که روی شاخ گاو نمی‌شه تصورش کرد. دنیایی که اگه نچرخه باز هم سبزه. دنیایی که هیچ مداری نداره. هیچ آدمی نداره که بخواد سوراخش کنه. بسوزونش. بخشکونش. نابودش کنه.

(حلقه مرد توی تاریکی گم می‌شود و فقط حلقه زن پیداست که آرام آرام پایین می‌آید.)

صدا: دنیایی که حالا آرزوت اینه بهش نزدیک و نزدیک‌تر بشی تا در برش بگیری. نزدیک می‌شی و هر چی بهش نزدیک می‌شی کوچیک‌تر می‌شه اون‌قدر کوچیک که توی آغوشت جا می‌گیره و تنش روی تنت می‌تنه بدون هیچ تار و پودی با تنت یکی می‌شه.

(حلقه مرد نیز آرام آرام پایین می‌آید و پشت حلقه زن قرار می‌گیرد. مرد و زن رو به هم قرار گرفته‌اند. پرده‌ای سفید جلوی حلقه می‌افتد. صدای رعد و برق‌های پراکنده و قطره‌های باران که آرام آرام تند می‌شود و با رعد و برقی یکباره تندتر و تندتر می‌شود و تبدیل به بارش یکریز باران می‌شود.)

صدا: حالا توی رویات گم شدی و رویات مثه یه بارون داره روی تنت می‌باره و تو باهاش یکی شدی... بهش رسیدی... انگار از توی ذهنت که پر از اونه برش داشتی و کشوندیش روی تنت تا بباره تا خاطرِ خشکت رو که سال‌هاست خشکیده خیس کنه. خیس از عشق.

(پرده فرو می‌افتد. زن لباس‌هایش عوض شده و لباسی واقعی به تن دارد و مرد روبه‌رویش ایستاده و حلقه‌ی ازدواج را در انگشتش می‌کند و زن نیز همچنین. حلقه‌ها شروع به چرخیدن می‌کنند و مرد و زن هر کدام بی‌تحرک به حالت رقصی دونفره ایستاده‌اند تووی حلقه‌هایشان و به هم خیره‌اند.)

صدا: همین که به رویات می‌رسی می‌بینی اون شروع می‌کنه به چرخوندت اون‌قدر می‌چرخونت تا سرت گیج می‌ره و دوباره از دست و پا می‌افتی و خوابت می‌بره.

(حلقه زن دور حلقه مرد می چرخد و مرد یواش یواش سرش گیج رفته و توی حلقه‌اش می‌افتد. حلقه زن می‌چرخد و می‌چرخد تا جایی که چسبیده به حلقه مرد قرار می‌گیرد.)

صدا: چشماتو باز می‌کنی و می‌خوای بلندشی ولی. ولی نمی‌تونی. از پا افتادی. می‌بینی یه زن واستاده کنارت و بر و بر نیگات می‌کنه. هر چی تلاش می‌کنی پا بگیری نمی‌تونی. دوباره دردت یادت می‌آد. درد به دنیا اومدنت، درد از کجا اومدنت، درد به کجا رفتنت. به دنبال رویات می‌گردی. دور و برتو نیگاه می‌کنی. همه‌جا تاریکه. زن می‌خنده. انگار فکر می‌کنه لوده‌بازی درمی‌آری تا اون بخنده. خنده‌هاش مضحک

و تمسخرآمیزه و همین‌جوری بیشتر و بیشتر می‌شه.

(صدای خنده‌های زن که رو به مرد می‌خندد همه‌جا را پر می‌کند. مرد خرامان خرامان توی دایره‌اش سرگردان است و گیج می‌خورد. زن صدای خنده‌های مضحکانه‌اش بیشتر شده و از خنده ریسه می‌رود.)